canções do caos

vozes brasileiras

Adriana Cecchi   Ana Júlia Baldi
Andrea Lucia Barros   Marcella Barbieri

canções do caos

vozes brasileiras

kapulana

São Paulo
2017

Copyright©2017 Editora Kapulana Ltda.
Copyright dos textos©2017 Adriana Cecchi, Ana Júlia Baldi, Andrea Lucia Teixeira de Barros e Marcella Lopes Barbieri

Coordenação editorial: Bruna Pinheiro Barros
Projeto gráfico e capa: Amanda de Azevedo
Fotografia: Amanda de Azevedo e Carolina Menezes

Dados Internacionais de Catalogação na Publicação (CIP)
(Câmara Brasileira do Livro, SP, Brasil)

Canções do caos : vozes brasileiras/ Adriana Cecchi...[et al.]. -- São Paulo: Editora Kapulana, 2017.

Outros autores: Ana Júlia Baldi, Andrea Lucia Barros, Marcella Barbieri.
ISBN: 978-85-68846-25-4

1. Poesia brasileira - Coletâneas 3. Mulheres escritoras brasileiras I. Cecchi, Adriana. II. Baldi, Ana Júlia. III. Barros, Andrea Lucia. IV. Barbieri, Marcella.

17-03894   CDD-869.108

Índices para catálogo sistemático:
1. Poesia: Coletâneas: Literatura brasileira   869.108

2017

Reprodução proibida (Lei 9.610/98).
Todos os direitos desta edição reservados à Editora Kapulana Ltda.
Rua Henrique Schaumann, 414, 3º andar, CEP 05413-010, São Paulo, SP, Brasil.
editora@kapulana.com.br – www.kapulana.com.br

canções do caos

Apresentação.............. 09

Adriana Cecchi........... 13
Ana Júlia Baldi.......... 29
Andrea Lucia Barros...... 43
Marcella Barbieri........ 59

As Autoras............... 70

Apresentação

Tivemos o prazer de conhecer as quatro autoras da coletânea *Canções do caos - vozes brasileiras* no decorrer da história da Editora Kapulana. Recebemos os textos de Adriana Cecchi e Andrea Lucia Barros já há algum tempo e, imediatamente, enxergamos o talento e a profundidade de seus escritos. Posteriormente, recebemos as composições poéticas das jovens Ana Júlia Baldi e Marcella Barbieri.

Percebemos que as quatro escritoras, que não se conheciam pessoalmente, tinham pontos em comum, por serem sensíveis vozes poéticas. Mas, também, apresentavam traços de estilo e tratamento temático próprios. São textos profundos, que retratam o amor romântico, o caos, o "eu", mas também a correria e as ansiedades do dia a dia. Temas que fazem o leitor se identificar, que mergulham no interior de cada um e fazem refletir a essência da sua existência: são "Canções do Caos"!

Cada autora tem sua particularidade, seu conteúdo individual, mas apresentam suas reflexões com a mesma intensidade. Decidimos compor a coletânea com seus belíssimos textos a fim de levar ao leitor um novo olhar literário, de autoras novas e, ao mesmo tempo, experientes. Uma literatura contemporânea, representativa da nova geração de escritoras: "Vozes brasileiras"!

A Editora Kapulana agradece a Adriana Cecchi, Andrea Lucia Barros, Ana Júlia Baldi e Marcella Barbieri pela confiança que depositaram em seu trabalho editorial, e tem a honra de levar aos leitores o melhor que há nas palavras dessas grandes escritoras.

São Paulo, 1º de maio de 2017.

adriana cecchi

Doutor

Eu não sei o que é isso, doutor.
Será que vou mesmo partir sem entender?
Infelizmente não tenho como precisar quando tudo começou.
Isso que me aperta o peito. Que me pulsa na cabeça. Que cora o rosto.
Só me dei conta da seriedade ontem, pois acordei no meio da noite
                                        [aos calafrios.
Coisa boa não pode ser, de fato.
Pode dizer, doutor. Vai.
As pessoas reparam, as pessoas comentam.
Parece que todos percebem.
Já ouvi história de gente que se matou logo após os sintomas.
Sabe, os vizinhos costumam falar de gente que vive avoada.
De repente alguém começa a rir à toa. Depois surta. Logo enlouquece.
Eu já vi. Sei como é. Até de corda no pescoço me contaram, meu deus.
Tem nome essa doença, esse cão dos infernos.
Será contagioso? Pela água?
Pelo ar! Só pode!
Mas doutor, não enrole.
Me diga logo, eu aguento a verdade.
Quanto tempo ainda me resta?

```
Duelo
```

Ainda não me acostumei com essa intimidade transformada em diplomacia. Essa polidez. Essa educação. É como se eu nunca tivesse sentido um suspiro longo e profundo seu ao pé do meu ouvido.

– Oi, como está?

Logo nós, que completávamos a fala um do outro, agora, não passamos da mera trivialidade.

– E em casa, tudo bem?

Me sinto desconfortável. Chega a ser sufocante te conhecer tão bem.

– Trabalhando muito?

A página foi virada para ambos, não há outra chance, não há outro meio.

– Ouvi que vem uma frente fria na sexta.

A falta de espontaneidade pesa cruelmente em cada frase.

– E aí, tem falado com Fulano?

Já bastamos um para o outro por horas, talvez até por dias.

[risos] – Ele sempre some mesmo.

Seu cheiro, que por vezes impregnou em meu suor, agora é só uma lembrança distante.

– Você está diferente.

O verbo dói, mas o sujeito não sofre. Não mais.

– Acho que você emagreceu, hein.

Você que já soube a medida exata de cada pedaço, cada parte, cada leve curva do meu corpo.

– Você ainda tem meu número?

Perdemos o jeito com o nosso abraço. Não sei qual intensidade usar. Perdemos nossa alquimia.

– Então tá, a gente vai se falando por aí.

O desconforto por já termos sido íntimos demais. Agora não sabemos como terminar uma conversa. Duelamos nosso adeus.

– Tchau, se cuida.

E então, caminhamos em sentidos contrários.

Mais fácil assim.

Sem passos para nos prender.

Sem sentimentos para nos manter.

Sem mãos para nos tocar.

Sem olhares para nos dilacerar.

Seguimos.

Com dois nós na garganta.

Como dois estranhos.

Enfim.

Eu adoro raios

– Eu adoro a chuva.
– Eu adoro você.
– Eu adoro trovões.
– E eu adoro a tua boca.
– Para!
– Você não acredita em uma palavra que eu digo?
– Eu acredito... Em algumas.
– Eu não te entendo.
– Não precisa.
– Você se fecha aí.
– Vai começar...
– Foge de mim.
– Veja bem.
– É verdade.
– Verdade que não é mentira.
– Sempre tem uma respostinha na ponta da língua.
– Afio todo dia.
– Tá vendo?
– Não. O quê?
– Como é insuportável.
– Mas você gosta.
– Gosto.
– Viu.
– Até quando vai fingir que não sente nada por ninguém?
– Nossa! Viu esse? Eu adoro raios.

Gramática

Ainda não encontrei uma abreviatura para o nome
Tampouco um conectivo para todos estes fonemas
Mas tem tanto meu em tudo
Que ele não admite
E eu
Nem preciso definir
Nada parece o que é
Tem a música, o adjetivo
O livro, a adversativa
Menos troféus
Mais concordância
Menos pontuação
É pedir muito?

E todos esses pronomes possessivos
Intrínsecos. Insuportáveis
A minha na sua
A sua em mim
Tão impessoais
E todas as orações subordinadas
Os objetos indefinidos
As metáforas e os superlativos?

Sujeitos sem predicado
Singulares em verbos e olhares
Plurais em números e vontades
E versos
Pedintes
Não vejo, não peço
Peço
E observo
De longe
Cada vez mais
Longe

Cama vazia

– Por que você tem um colchão tão grande se sua cama está sempre tão vazia?

A pergunta caiu num baque em sua cabeça.

Ela parou para pensar em tudo que fazia.

Seria a cama uma metáfora de sua vida?

Sempre tão vazia e tão gelada.

Viu que não se importava.

Preferia assim.

Em meio a um furacão de memórias, lembrou-se dos dias em pranto.

Das épocas sem paz.

Das noites mal dormidas, das madrugadas em claro.

Dos apertos no peito e das fisgadas que pareciam fazer seu coração parar de bater.

Da imensa saudade.

Horas eternas, minutos soluçando.

Dia após dia.

Pensou nas milhares de vezes que acordou com os olhos inchados e nas tantas que desejou nunca mais poder levantar da cama.

Cada passo que deu, cada lágrima que enxugou, cada sorriso que desperdiçou, cada abraço que negou.

E o que um dia pareceu ser uma batalha interminável, terminou.

Viveu, aprendeu, passou.

Depois de longos minutos com a cabeça longe, olhou fixamente para aqueles belos olhos que a acompanhavam, e respondeu:

– É que eu me mexo muito durante a noite, sabe, prefiro dormir sozinha.

Ele engoliu seco e afastou as cobertas. Levantou, recolheu suas roupas que estavam no chão, saiu e fechou a porta, mas sem bater.

E nunca mais voltou.

Vida curta

Essa vida é curta
Curta de tempo, curta de distância
Bem curta
Curta, curtinha, encurtada
Passa num sopro
Meio fio
Para que eu vou descer do carro
Quero ir a pé
Andar na chuva
Molhar os sapatos
Sentir o vento penetrar na minha alma
Procurar por corações de ouro como o Neil Young canta
E bater com a cara no muro quando pensar que encontrei algum
A incerteza é que me move, que me tira do lugar
Incógnita, inconstância, indiferença, incoerência
Não me espera pra jantar
Eu posso demorar
Aproveitar o tempo que ainda me resta
Porque sabe
Essa vida é muito curta

Maçaneta

Acho que escrevi um texto pensando em você
Eu juro, ainda não sei o que isso quer dizer

Comecei a te ver em todos os lugares
Dos mais improváveis até
Ruas, ônibus, shoppings e bares

Pense que coisa louca, até na parede eu vi o seu rosto
Mas nada me abalou mais quando, de repente, da sua boca eu senti
[o gosto

Por isso, antes que qualquer coisa aconteça
Deixo este bilhete pendurado na sua maçaneta
Peço que leia e não se aborreça

Não tem erro, você vai ver
Passado alguns dias, é certo
Irá me esquecer

Eu nunca tive medo do escuro

eu nunca tive medo do escuro
não me assustei com bicho papão
durmo com o pé pra fora da cama
não tenho medo de assombração

eu nunca tive medo de altura
tenho mania de encarar o espelho depois de apagar a luz
não tenho medo de cobra nem de barata
já entrei no cemitério sem fazer sinal da cruz

eu tenho medo de gente, de gente viva
mais especificamente
eu tenho medo de você

pois nada explica
esse frio na barriga
que eu sinto ao te ver

Culpa da cebola

"Você tá chorando?"

A pergunta era retórica, Eliza cortava uma cebola.

E chorou. Largou a cebola, olhou a faca e chorou.

Chorou mais. Chorou como se fatiasse todas as cebolas do mundo.

Aos prantos, sentou-se no chão da cozinha e ajoelhada sabia que não era o ardor de cebola porra nenhuma.

Aquele nó apertado estava em sua garganta há mais tempo do que ela gostaria ou admitia.

Eliza sofria calada.

Os martírios dentro de si. As dúvidas. Os isolamentos. As pressões.

Tudo veio à tona.

Naqueles poucos segundos, pensou em sua vida. O que era dela e o que ainda seria.

Levantou-se com a faca e a cebola na mão enquanto enxugava os olhos na camiseta, suspirou e disse:

"Culpa dessa cebola maldita!"

Buraco no Peito

Despertou no meio da noite, como de costume, com a boca seca.

Eram 03h17. Tateou o criado-mudo na cabeceira à direita da cama, passou a mão pelo livro de centenas de páginas amareladas e capa de couro vinho que não conseguia terminar e encontrou o que buscava: água. Todos os dias deixava religiosamente um copo largo e comprido de água ao seu lado, como se precisasse disso para dormir com tranquilidade.

Sentou-se na cama, não enxergava um palmo à sua frente, mas não fazia questão de luz, aliás, só dormia se a escuridão fosse total. Deu três curtos goles, ainda estava gelada e foi o suficiente para matar sua sede.

Antes de deitar soltou os cabelos e fez um alto rabo de cavalo, gostava de dormir assim. Ajeitou e virou o lado do travesseiro, tem mania de fazer isso durante as noites, prefere que o lado que vai encostar a cabeça sempre esteja mais frio.

E deitou.

O relógio marcava 03h30, o que a fez lembrar-se das tantas histórias de terror que diziam que 3h33 da manhã é a hora em que os espíritos malignos se manifestam.

"Bobagem" – pensou.

Alinhou o lençol com a colcha e a fina manta e cobriu-se até os ombros. Virou-se de frente para a parede, lado oposto ao que estava quando acordou.

Sabia que o sono não viria fácil. Nunca veio. Talvez nunca venha.

Mesmo acordada, continuava de olhos fechados. Estava cansada e tentava imaginar cenas para distrair a mente daquele momento insone.

Não demorou muito e percebeu que havia uma luz piscando em seu quarto. Abriu os olhos e pôde ver uma luz bem leve aparecendo e desaparecendo na parede, refletindo no teto e por todo o ambiente.

"Mas de onde vem essa luz?" – perguntou-se.

Reparou na grande janela de madeira do outro lado do quarto e, entre as frestas, notou que a luz estava mais forte. Ela vinha de fora, só não sabia especificamente de onde nem como.

Mas precisava saber.

Moveu o trinco e correu bem devagar uma das partes da janela para não fazer barulho.

Na hora em que colocou a cabeça para fora, sentiu um golpe de vento gelado em sua direção, daqueles tão fortes que até assoviam.

Nenhuma luz piscava mais.

Ficou sem ar por alguns instantes e sentiu um arrepio na espinha. Correu a janela – dessa vez sem se preocupar com o barulho – e deitou-se rapidamente.

Antes que pudesse fechar os olhos, uma forte luz, agora, estava dentro de seu quarto.

Era azul. Azul bem claro. Claro e aterrorizantemente forte.

Apertou os olhos com força e balançou a cabeça, "Não pode ser real" – repetiu baixinho.

Não era apenas uma luz, parecia uma espécie de mancha azul, eram três delas.

Uma começou a se aproximar de sua cama. E um pedaço, como se fosse um braço, foi ao encontro de seu corpo.

Ela não sabia o que fazer. Mal acreditava que fosse verdade.

Seus olhos pretos agora estavam arregalados e opacos de medo.

Foi quando a mancha de luz azul encostou no meio de seu colo, que ela gritou desesperadamente, mas sua voz não saiu. Nada, estava muda.

O que parecia um braço entrou em seu peito numa velocidade inigualável. A mancha parecia procurar por algo dentro do corpo dela e depois de uma bruta estocada em seu coração, a garota se contorceu preferindo a morte comparada àquilo.

Sentiu seu órgão sendo retorcido, seus olhos estavam virados e já não havia mais sinal de que fosse tentar gritar novamente.

E então a mancha encontrou o que queria e num golpe puxou seu braço para fora.

Ela pensou que todas as suas tripas tinham ido junto, mas se enganou.

Com os olhos mais acostumados com a claridade, viu com perfeição que a mancha tinha mesmo uma forma, um braço e uma mão com quatro longos dedos. Dedos estes seguravam uma pequena chave de ferro envelhecido cheia de arabescos, que por algum motivo estava em seu coração e fora arrancada de lá.

O que a pequena chave poderia abrir, talvez seja para sempre um grande mistério.

Assim como não há como saber por que uma das manchas segurava uma ampulheta de madeira escura e areia brilhante feito ouro.

As manchas se uniram e o clarão dentro do quarto ficou ainda mais perturbador, até que se apagou por completo. Em silêncio.

07h00, o despertador tocou três vezes.

Ana levantou-se num pulo, suada e assustada.

Em meio àquela sensação horrível, não conseguia lembrar direito do pesadelo que teve, mas ia ligar para o trabalho e dizer que precisaria faltar hoje, pois não se sentia muito bem. Estava com uma estranha e muito forte dor no peito.

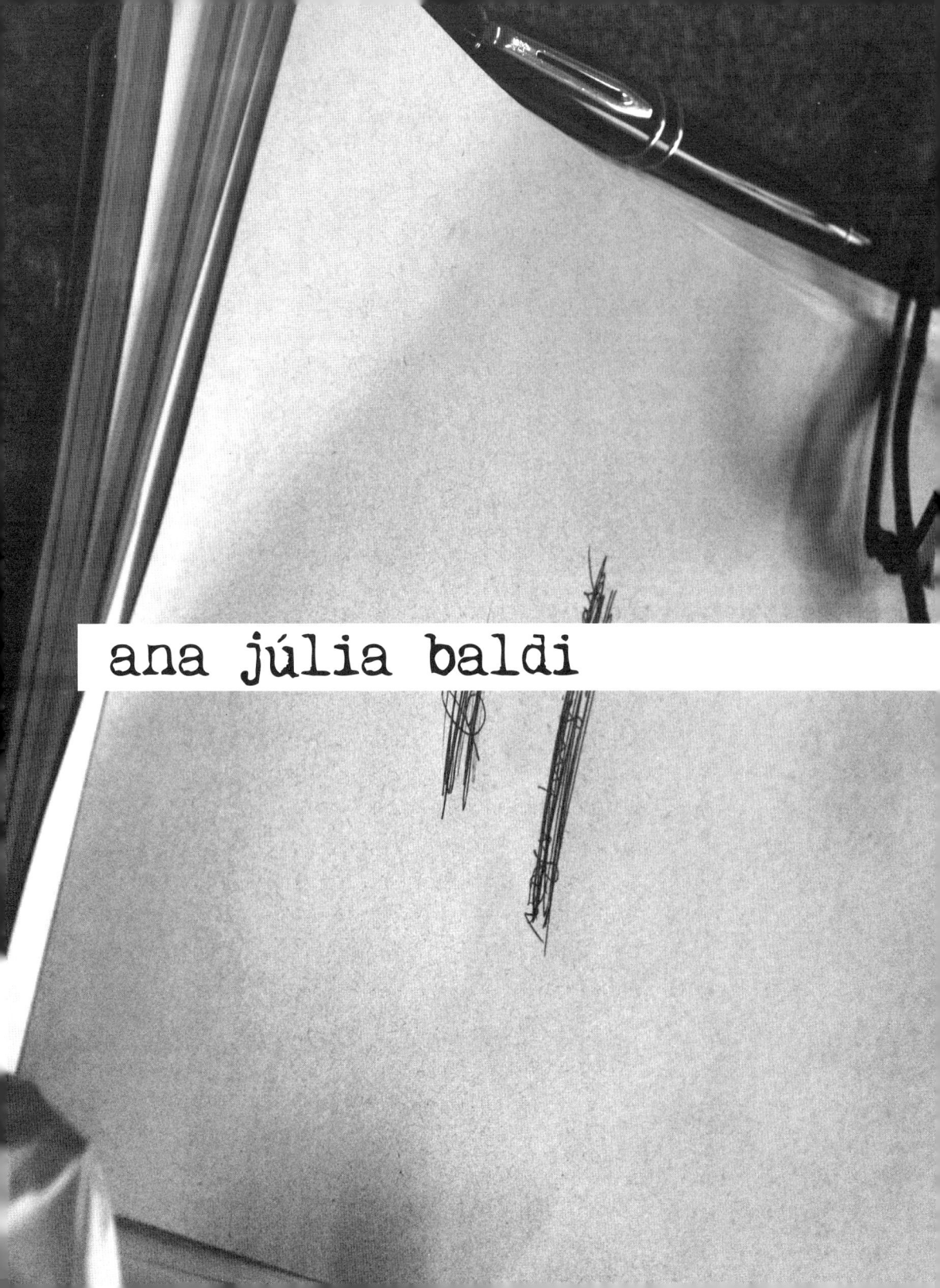

Existência

Penso que existo
E a cabeça dói, a alma pesa

Mandaram-me viver
E eu não soube recusar

Agora que já sou eu
Posso ser um outro?
Tenho a mim
Mas a mim não desejo

Vivo assim, sendo.
Não sei não ser
Ainda que eu queira
Querer saber não ser

A vida que me deram
Não soube aceitar
Vivo assim, sem a vida
Que todos me esperaram acreditar

Um lado que desconheço

Um lado que desconheço
Que arrepia a alma e aquece o peito
Um lado que está em mim e não é meu
Que só encontro quando me perco

É assim, então, que amanheço
Ao olhar nos seus olhos
Ao sentir-me protegida diante do meu maior perigo
É assim que me entrego
E fecho os olhos pra te enxergar melhor

Pergunto-me onde e quando
Mas foi logo e bem aqui dentro
Respondo sem possuir palavras
Deixo tudo quieto e confuso

Deixo-me assim como sou.

Eu, antes, era pedra

Eu, antes, era pedra.
Amei.
Virei pássaro.
Voei.
Depois, era sol
Me queimei
Era cinza

Eu era vento
Fugia.
Era chuva e
Passava.
Voltava.
E era (só) frio.

Eu era o silêncio
Confusão
Solidão
Era a busca frustrada
Perdição.
Caminho sem volta.

Eterna mudança.
Esperança?
Conflito
Aflito.
Era tudo sonho

Ana Júlia Baldi

Distância Fresca

Olha você, ali,
deitada no sofá,
e eu aqui, na mesa,
com tanta saudade de você!

Seus olhos fechados,
sono calmo, imóvel,
e eu, aqui, inquieta,
com tanta saudade de você!

Saíamos para um café,
você lia o cardápio,
eu te olhava e sentia,
tanta saudade de você!

Aqui, lado a lado,
Depois de tantos anos
Depois de tanta saudade
Como pude não esquecer você?

Você me beijava e me cantava
Sonhos de amores infelizes
Eu, quieta, encolhida,
com tanta saudade de você!

Corro tanto

Corro tanto
Esqueço todo o caminho
Sigo a direção
E (me) esqueço.

Mas quando me perco
Quando não sigo
Não tenho direção
Quando (me) paro...

Te lembro cada detalhe
Cada estúpido detalhe
Te lembro cada palavra
E (me) sinto.

Abro a gaveta
Que te guardei
E me enterro.
Te olho
e (me) mato.

Tu me quebra
Sufoca
E eu abro a gaveta
Para te chorar.

Vou (me) Lembrando
(Te) lembrando
Até que tu me cala.

Tu me cala
E eu me fecho a ti
Na mesma gaveta.

Procuro-me outro

Procuro-me outro para falar.
Mas só a mim tenho.
Canso-me do eu, do me, do mim.
Mas a outro não tenho.

Canso de só a mim ver.
As velhas mãos cansadas,
Os mesmos passos perdidos
Canso de só a mim sentir.

Te olho a boca
Ai se eu pudesse ser,
ao menos tuas palavras
Teus lábios, miseráveis.

Tua voz a mim toca,
Ai, se eu pudesse ser,
Tua fala suja,
Ardendo-me a pele.

Pudera ser, mas não sou.
Aqui estou. Possuo a mim.
E a mim não suporto.
A mim não habito.

Procuro-me outro para falar,
mas só a mim tenho.
E a mim não existo.

Ah, amor!

Ah, amor!
Por que és tão cruel?
És único, és incansável
E és necessário!

Ah, amor!
Mal posso entender-te
Mal posso pensar-te
E assim, resta calar-me.
E assim, resta não ser-me.

Por ti, oh amor!
Consegues ver teu estrago?
Amor, por ti, voei alto demais
Por ti, acreditei nas mais belas mentiras,
Por ti, calei-me.

Ah, amor!
És cruel, estúpido e imperfeito
E das mil razões que tenho para odiar-te
Há só uma para amar-te.
Mas como amar-te
Se me roubastes as palavras?

Eu fujo, amor!
Fujo porque aprendi
E agora tenho medo
Medo do que sou capaz
E do que sou incapaz
E do que não sou mais

Ah, amor!
Se me restasse, ao menos,
uma palavra para dizer-te
Um pedido para pedir-te
Ou uma música para dedicar-te
Ah, amor...
Se ainda eu me restasse...

Diálogo

Você é linda.
– Eu? Não sou.
Você é linda.
– Obrigada.
Você é linda.
– Eu sou.
Você é linda.
– Sou?
Você é linda.
– Você é linda.

Pessoas, tempos e lugares

Conheci pessoas numa noite
que duraram por uma vida
Conheci pessoas por anos
que duraram até uma noite.

Conheci pessoas que talvez nunca conheceria
Conheci pessoas por um beijo
que duraram alguns segundos
Conheci pessoas que nunca me conheceram.

Conheci pessoas numa mesa de bar
Num ônibus, num metrô, na chuva
Conheci aqueles que nunca falavam
E aqueles que amavam roupa,
Flamengo, Argentina e culinária mexicana.

Conheci lugares que compensavam pessoas
que me acolhiam e me protegiam dos medos
que eram quietos, agitados e os dois ao mesmo tempo.
Conheci a cidade.

Conheci pessoas que mal sabem que as conheci
Conheci aqueles que nunca terminarei de conhecer
E conheci eu mesma
Com olhos de uma desconhecida.

Conheci o tempo
o tempo que passou.
Conheci a mim mesma
construindo um novo tempo.

O corpo

Teu corpo, que é teu,
Invade o peito, que é meu,
Preenche cada buraco
Me vira de lado
e aponta meus sentidos.

Esse corpo, que é teu,
amassa a pele, que é minha,
Sente o cheiro, que é meu,
Sufoca esses gritos teus
e no fim,
deita teu pescoço no meu.

Teu corpo no meu,
Guiando meus passos teus
E a nossa música,
apertando esse teu sentir no meu
Te sinto chover em mim,
Nesse corpo, que é teu,

A distância,
Alimentando cada espaço
que é meu e teu.
Envolve meu pensar no teu
e esquenta nosso tocar
Nas tuas mãos minhas.

andrea lucia barros

3

Aperta o peito
Chega de repente
E sei que me acompanha...
Sim, a vida toda
Ela me persegue
Por mais que eu negue
Não importa o que carregue
Ela sempre me vê entregue
Perdida na minha mente
Avassala minh'alma
Faz meus pensamentos voarem...
A saudade, às vezes, é tanta
Que machuca e fere
Um vazio irreparável
De pessoas inesquecíveis...

Garrafa de segredos

Foi um sonho
Mas você pareceu real.
Vontade de te reencontrar
Olhar teus olhos castanhos...
Tua voz ecoa no meu ouvido
Tua silhueta aparece na sombra
Anos se passaram...
Poderia ter esquecido
Mas não, está tudo vivo.
Guardado a sete chaves...
Tal qual uma caixa de Pandora
Cujos segredos trancados ficarão
Uma carta jogada ao mar
Dentro de uma garrafa de vidro
Que as ondas farão ir e vir
Até que, subitamente, desapareça
Engolida pelo oceano
Apagada pelas espumas
Esquecida como as lembranças...
Assim, a vida vai em frente
Com os segredos trancados
Amarrados em pensamentos
Têm a permissão de aparecer
Somente nos meus sonhos
Como aquele que me trouxe você;
Motivo desse poema existir.
Mas agora a garrafa se perde
Bem como meus segredos para você.
Não pense que estou em tuas mãos
Isso é apenas uma impressão.
Enquanto você procura a garrafa com a carta
Meus pensamentos se voltam para o nada...
E a única maneira é fingir

O primeiro que encontrar a carta
Terá meus segredos revelados...
...Espero que seja você.

Destino

Sempre me pergunto
Aonde chegar
Até onde andar...
Olhando para trás
Vejo o ontem
Tateando o escuro.

Seguindo pela estrada
Sempre em frente
Perseguindo o destino

Sem pensar em nada
Deixar a vida nos levar
Como a água de um rio
Um sorriso no rosto
Aberto quando te vê
Sentada na sacada esperando...

Seguindo pela estrada
Sempre em frente
Perseguindo o destino

Ao te encontrar
Percebo o amor
Esquecido dentro de mim
Já não me lembrava
Ser possível sentir
Viver e amar

Seguindo pela estrada
Sempre em frente
Perseguindo o destino

Agora é pensar adiante
Contigo ao meu lado
De mãos dadas com o futuro
Caminhando lado a lado
Com um único desejo
De ser sempre feliz

Seguindo pela estrada
Sempre em frente.
Perseguindo...

...Sempre atrás do destino.

Acabou...

Acabou aquela canção
Falava de amor.
Aflição... De nós.

Acabou a novela
Mostrava você e eu.
Unidos... Sempre nós.

Acabou aquela paixão
Ardente como o fogo.
Queimando... Dentro de nós.

Acabou a verdade
Dita para o vento.
Levado... Por nós.

Acabou a esperança
De andar de mãos dadas.
Separadas... Como nós.

Acabou a dúvida
De ir e vir em liberdade.
Sempre existiu... Entre nós.

Acabou... Para sempre
Acabou... Nós.

Somente...

Somente você
É capaz de mexer na ferida
Que insiste em sangrar
Aberta em meu peito
Deixa à vista o coração
Mostrando todas as veias
Que me fazem
Perder a razão
Enlouquecer em pensar
Que me deixaste
Estenda-me a mão
Mostre-me a esperança
Revele-me teu sorriso
Quebre minhas defesas
Busque o melhor de mim
Encontre o amor
Enfim, pronto para ser...
...Somente seu.

Metrópole
Para São Paulo

À frente um mar
De pessoas, de solidão
Olhos que buscam,
Ansiosos por encontrar
A companhia serena
Que se tornará eterna
Ao mesmo tempo fraterna.
Perdidos na multidão
Duas almas entregues
Aguardando um destino
Pronto a chegar
Essa agitação da metrópole
Que tem suas paredes frias
Cujo cimento se alastra
Tomando as esquinas
Dificultando a união
Desses seres náufragos
Nesse mar de gente...
Resta-lhes a solidão
Quiçá um raio de esperança
Fomentando a lembrança
Em um bom coração.
Amanhã, já outro dia,
Se a sorte ajudar,
Essas duas almas
Poderão se encontrar...

Arma

Suave, meus dedos passam
No torso nu do seu corpo.
Macio, seu cabelo fino
Roça em meu peito.
Teus olhos amendoados
Me sorriem facilmente,
Enquanto teu coração disfarça
Que bate por mim aí dentro.
Suas mãos em minha face
Me lembram do beijo,
Aquele primeiro, sem graça
Um tanto tímido e caloroso.
Com seus dedos finos contorna meus lábios,
Os mesmos que outrora te beijaram.
Seus gestos refletem a alma
Que me diz que o amor
É um sentimento forte e que te abala
Tanto quanto o meu sorriso
Que você diz ser minha melhor arma.
A uso, sem custo, atirando em você a todo o momento.
Meu amor, o teu encanto
Vai além de um simples canto
Passa longe da simplicidade
E me envolve em complexidade.
É por isso que te amo, te adoro!
Tudo em ti me faz sorrir
Revelando a melhor arma que há em mim...

Inópia

Dói, corrói...
Fede e deprime
A sujeira exposta
A carne viva sangrando
O coração partido...
A verdade dita
Não conforta a vida.
Dá desconforto
Expõe ao ridículo
Revela a caveira
Escondida pela pele
Descascada pela vida
Esfolada pelas mentiras...

Atropelado pela ignorância
Escarrado como o verbo
Deprimido pelo tempo
Vai caindo até o fundo
Mostrando seus espinhos
Assolando o redondo mundo.
Fétido, amarelado, insolente...
Nas curvas do caminho
A poeira se levanta.
Ao olhar para trás, o vazio,
Tal qual em minh'alma
Assolada pela soberba
De um povo devastado...

Poesia que não encanta
Voz que lamenta
Olhar vazio, sem brilho.
Os pés descalços na terra batida
Deixam marcas profundas

Levadas apenas pela chuva
Apagadas de um dia para outro,
Esquecidas nos confins do mundo.
Um ser devastado, moribundo,
Em busca de algo que não encontra.
Não sabe o que é.
Conhece apenas isso...
A pobreza física, de alma e espírito.

Caminho

Basta de palavras que dilaceram a alma
Entram e são fincadas no meu peito.
Chega de grosserias e notas rudes
Vômitos acelerados de um verbo mal falado.

Cale-se diante de mim ao menos por um minuto
Para que no próximo segundo eu não revide
E lhe mostre que a vida vai além de palavras
Jogadas de um precipício caindo com o vento.

Olhe-me, mas no fundo dos meus olhos.
Veja em mim a melhor parte, antes que seja tarde
Veja-me como sou, transparente e sincera,
Apaixonada pela vida e amante da gentileza.

Deixe-me aqui sozinha
Largue-me com a minha solidão
Afaste-se de mim enquanto há tempo
Vire-se de costas e ande...
...Não retorne e não lamente,
Pois os atos em vida refletem,
Escute bem, aquilo que você é.
Deixando-nos amargos e separados
Quando deveríamos estar unidos e de mãos dadas...

O caminho é você quem faz. Nunca se esqueça disso.

Felicidade

E de amor não se vive...
Esquece-se de si mesmo
Quando deveria esquecer o outro
É preciso olhar para ti e ver
Que a felicidade habita
Dentro do teu corpo e da tua alma.
Ela está somente esperando
Um momento de sensatez
Para se mostrar como é

e que você pode ser sereno e feliz.
Ninguém pode te dar a felicidade
Somente você a tem.
O segredo nunca revelado
É justamente esse de procurar em si mesmo,
Pois quando se espera que de outro ela venha
O que acontece é padecer e definhar sem perceber.
Então, um dia qualquer, antes que seja tarde
Acordarás e verás que a felicidade
Sempre esteve perto,
Tangível e acessível.
Só depende de você...

marcella barbieri

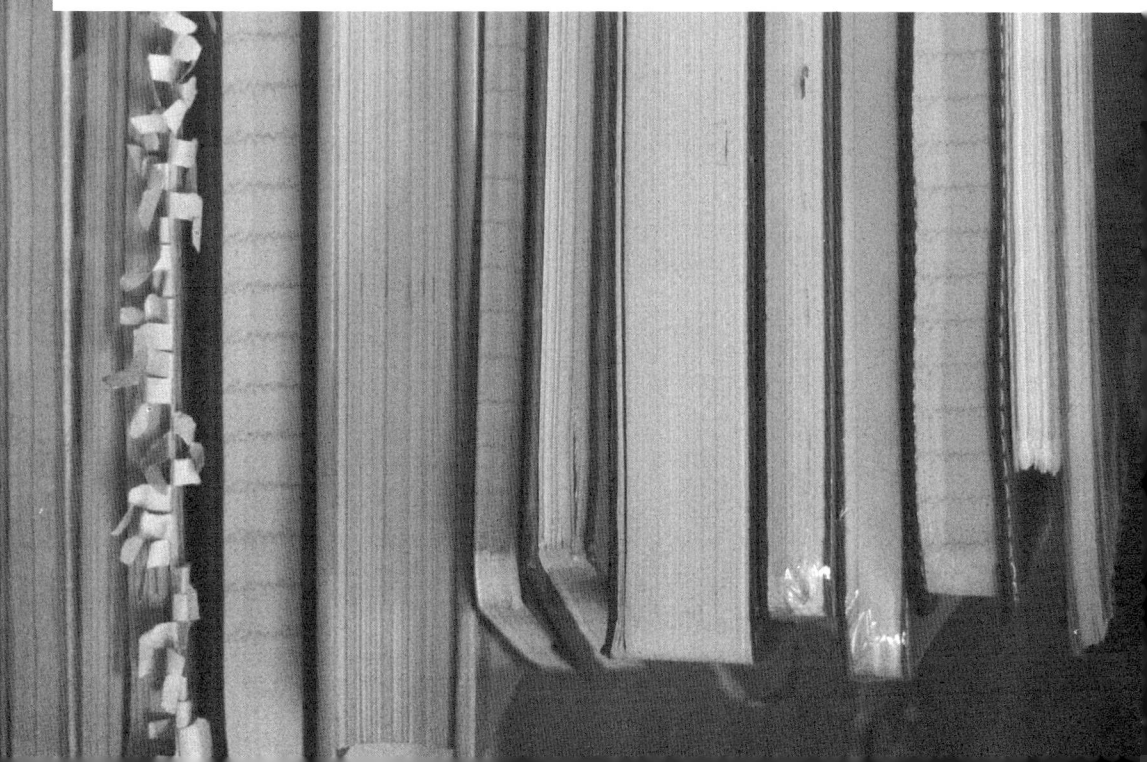

Insatisfação crônica

É muita coisa que passa pela cabeça. Não só passa, fica. E fica cada vez mais forte, cada vez mais difícil de ignorar.

Você começa a buscar distrações, mas nessas distrações você encontra os indícios que te trazem de volta para sua própria mente confusa e vai se perdendo dentro dela, mais fundo. Mais fundo.

É difícil não conseguir organizar toda essa bagunça mental. É pior ainda saber que não há uma ordem capaz de acabar com tudo isso. Só existe o tempo.

O tempo vai acomodando cada dúvida, as semanas vão preenchendo espaços vazios, mas ainda tem aquelas lacunas que sobraram. Sempre sobram e não tem semana ou mês que consiga acabar com essa insatisfação crônica.

Você se pergunta qual é a cura. Não existe ou não quiseram divulgar. Você procura e a gente nunca se encontra.

No meio do caminho

no meio do caminho estava você
você
no meio do meu caminho
tinha você
não consigo esquecer
e você?

Sobre(aviso)

Todo dia, o mesmo caminho.
Linha verde, amarela e vermelha.
Chega na estação, um ônibus.
Chega no ponto, uma rua.

Dia 02 de Fevereiro, mesmo caminho.
Ao sair do ônibus, tiro o fone de ouvido.
Quero ouvir passos à minha volta.
Quando ouço, olho para trás.
É uma mulher.
Ufa.

Olho para frente de novo.
É um homem.
Com a mão no bolso.
Vindo na minha direção.

"Sua saia tá curta."
– disse minha mãe,
antes de eu sair de casa.
Vai ser minha culpa?

Se eu gritar,
será que alguém vem?
Nessa rua deve ter câmera.
Mas assistir depois não vai adiantar mais.

Apresso o passo.
Abaixo a saia.
Ele passa.
Eu (sobre)vivo.

Viagem a dois

Sem o menor senso de direção,
corro o risco de me perder.
Também a culpa, se me afogar,
assim como o tempo que posso deixar passar.
Mesmo assim, insisto.
Em águas não cartografadas, juntos navegamos.
Às vezes com, outras vezes sem planos.
Se paro à frente, logo vejo que é um engano.
E assim seguimos nadando.
Lado a lado como sonhamos.
De mãos dadas remando, cartografando um destino,
até então muito pouco conhecido.
Um só dia com você ou uma vida sem saber.

Amar é

Amar é sofrer.
É sofrer de saudade.
É sofrer de vontade.
É sofrer por amar demais.
É sofrer por você.

Amar é ter.
É ter companhia.
É ter alegria.
É ter planos.
É ter você.

Amar é querer.
É querer demais.
É querer todo dia.
É querer demais todo dia você.

O que você vê, o que sinto e eu

A crosta, o psicológico e o incompreendido. Quem vê por fora acredita poder julgar e compreender, mas a crosta só engana. Assim como um embrulho que busca não revelar a essência, assim como uma tintura que procura um defeito para ser coberto. O psicológico está cada vez mais oculto, emoções que tentam escapar para a crosta são imediatamente barradas. E, quando conseguem a almejada liberdade, são vistas como sinais de fraqueza, mesmo lutando contra a repressão não conseguem nunca sua glória. E o incompreendido? A crosta e o psicológico também assim são, mas não carregam o nome e não é à toa. Uma parte de nós não é visível e nem busca a tal transparência. Tão reprimida e tão mal vista quando transgride alguma outra camada. Nossos sonhos às vezes nos trazem notícias de lá, em sites de buscas procuramos significados, só que não iremos achar. Talvez nem dentro de nós mesmo possamos compreender, mas tentamos. Em vão. A crosta, o manto e o núcleo. A epiderme, a derme e hipoderme.

Cadê você?

Desculpa.
Não estou pedindo.
Queria ouvir. De você.
Acabo escutando de mim.

O copo e o corpo

Encha um copo.
Passe um pouco do limite.
A bolha de água está equilibrando.
Continue enchendo.
O copo está quase transbordando.
Tão cheio que logo pode não aguentar mais.
Tão cheio que torcemos para que vaze.
Vaze, por favor.
Me esvazie.
Acabe com isso.
Me deixe ser um vazio completo.

Ponto final

Querendo chorar por tudo, mas chora por nada.

Desenvolvendo uma nova personalidade para disfarçar aquela que ninguém quer conhecer.

Contando cada respiração, torcendo para que o ar que vem de fora acalme o caos que está por dentro.

Ouvindo a música como se a melodia fosse capaz de consertar o aperto no peito.

Pensando em como acabar com a ansiedade, sem saber o porquê de ter começado.

O que te faz chorar?

Lágrimas de alegria
De tristeza.
Lágrimas que refrescam a alma.
Que encharcam o coração.
Lágrimas que acompanham uma risada.
Que guiam uma perda.
Lágrimas de emoção.
De raiva.
Lágrimas que marcam momentos.
Que externalizam um sentimento

As autoras

ADRIANA CECCHI
Formada em Audiovisual, é apaixonada por qualquer coisa relacionada à arte e trabalha com conteúdo para internet. Tem um blog há seis anos, no qual rabisca algumas palavras próprias, além de falar sobre livros e filmes.

ANA JÚLIA BALDI
Mineira, tem formação em Letras pela Universidade Federal de São Paulo (Unifesp) e atualmente é professora. Pretende seguir carreira acadêmica na área dos estudos literários. Além da literatura, também é amante de cinema e música.

ANDREA LUCIA BARROS
Jornalista formada pelas Faculdades Integradas Alcântara Machado (FIAM), especialista em Literatura e Crítica Literária pela Pontifícia Universidade Católica (PUC-SP) e bacharel em Direito pela Universidade Paulista (UNIP). Tem três livros publicados.

MARCELLA BARBIERI
Nasceu em São Paulo, em 1994. É formada em Rádio, TV e Internet pela Faculdade Cásper Líbero e trabalha como redatora em uma produtora em São Paulo. Escreve textos nas horas vagas e tem um blog pessoal.

fontes	Passion One (Fontstage)
	My Underwood (Tension Type)
	Courier Prime (Quote-Unquote Apps)
	Rubik (Hubert & Fischer)
papel	Avena 80 g/m²
impressão	Prol Gráfica